우리도 때리면 아파요

한성규
지음

우리도 때리면 아파요

맑은샘

목차

머리말

한국에서 대학교를 졸업하고 나 혼자 잘 먹고 잘살겠다며 뉴질랜드로 떠나 해외 취업을 했다. 나라 경제가 어렵고 인구가 줄어서 해외에서 노동자를 받고 있는 조국의 현실은 나와 상관없는 일이라고 생각했다. 지금은 지구촌 시대고 나는 세계인이니까 한국만 생각할 수 없다는 생각이었다.

다행히 운이 좋아 다른 한국 친구들처럼 한국 사람이 하는 김치 공장에서 화장실도 못 가고 컨베이어 벨트의 일부가 되지도 않았고, 호텔에서 인도인 주인에게 희롱이나 갑질을 당하지도 않았다. 사무실에 앉아서 그것도 뉴질랜드 국세청 공무원으로 갑질만 하고 돌아다녔지만, 10여 년간 해외 생활에 나는 어느새 애국자가 되어 있었다.

서른이 넘는 나이에 뒤늦게 사춘기가 왔는지 내 삶을 잃어버리고 사회에 이용당하고 있다는 합리적인 의심이

들기 시작했다. 장기 휴직을 하고 여러 나라를 떠돌면서 내가 그동안 애써 보지 않으려고 했던 사회 밑바닥을 살아가는 사람들을 관찰할 여유가 생겼다.

한국에 놀러 왔더니 버스에서 어느 할머니가 다짜고짜 요구르트를 건네주었다. '앗싸! 공짜' 하고 빨아 먹고 있는데 "베트남?" 하고 할머니가 물었다. "아닌데요. 할머니, 저 한국 사람이에요." 나는 항변했다. "한국말 많이 배웠네. 그래그래. 한국에 오래 살았어도 뿌리는 잊으면 안 되지." 할머니는 우겼다. 더는 할 말이 없었다.

TV를 틀었더니 베트남 사람이 베트남 음식을 먹는다고, 한국말을 제대로 못 한다고 얻어맞고 있었다. 뭔가를 해야 했다. 2012년에 디지털 작가상을 받았고, 소설도 2권이나 출판한 적이 있다는 생각이 나 책을 내기로 했다.

이 책을
시작하게 된 이유

_언어가 달라 생각하는 것도 달랐다. 그것 때문에 감정이 쌓였다

2018년 12월에는 필리핀 국적의 결혼 이주 여성이 부부싸움을 하다가 살해당했다.

2019년 7월에는 베트남 국적의 결혼 이주 여성이 남편에게 폭행당하는 영상이 공개되어 SNS가 발칵 뒤집혔다. 무자비하게 얻어맞는 여성의 옆에는 그 여성의 아이가 울고 있었다. 맞는 엄마를 보며 울고 불며 발버둥을 치는 아이를 보고 국민들은 경악했다. 결혼 이주 여성이 남편에게 뺨을 맞고 발로 걷어차이고 주먹으로 머리와 옆구리 등을 얻어맞자, 얻어맞는 여성과 때리는 남성의 아이는 "엄마, 엄마"를 외치며 울음을 터트리다가 폭행 장면에 놀라 도망을 친다.

이에 전격적으로 국무총리까지 나서 베트남 공안부 장관을 만난 뒤, 베트남 결혼 이주 여성 폭행에 대해 공개 사과까지 한다. 여성가족부 장관도 폭력을 당한 결혼 이주 여성을 직접 찾아갔다. 베트남 현지 가족들이 걱정하지 않도록 피해자의 치료와 회복을 위해 최선을 다하겠다고, 장관이 직접 약속까지 했다.

며칠이 지나자 갑자기 결혼 이주 여성을 비난하는 여론이 조성된다. 남편과 폭행을 당한 이주 여성이 불륜 관계였다는 보도가 나오면서부터. 사람들은 사실관계를 확인하지도 않고 "베트남 여자들은 시집오면 몇 년 살다가 국적 취득하고 다른 남자와 동거하고 바람피운다."라고 비난하고 나섰다. 이런 사람들은 과연 베트남이란 나라가 어디 있는지나 아는지, 베트남 사람 지인이 한 명이라도 있는지, 베트남 사람과 대화를 나눠본 적이나 있는지 궁금했다.

_한국의 국제결혼 이주자 실태

대한민국의 국제결혼 건수는 매년 2만 건이 넘는다. 국제결혼 대다수는 한국 남자와 외국 여자의 결혼이다. 국가인권위원회는 2018년 6월 결혼 이주 여성의 실태를 조사한 외부 연구 용역 보고서를 공개했는데, 결혼 이주 여성의 국적은 베트남 출신이 42.4%로 가장 많았고, 그다음이 중국, 필리핀, 일본, 캄보디아 순이었다.

이들이 한국에 거주한 기간은 평균 16.37년이었고, 결혼 이민 비자를 소지한 여성이 25%, 영주 자격 취득자는 12%, 귀화자는 28%뿐이었다고 한다. 조사 응답자의 70.7%가 무직이었고, 60%는 개인 소득이 전혀 없었다고 한다. 인권위의 조사에 따르면 42.1%의 결혼 이주 여성이 가정 폭력을 경험했다고 한다. 이 중에서 19.9%는 흉기로 협박당한 경험까지 있는 것으로 조사되었다.

또, 결혼 이주 여성 10명 중 7명이 성행위를 강요당하거나 성적 학대를 당했고, 81.1%는 가정에서 욕설을 듣는 등 심리적, 언어적 학대를 당했다고 한다. 필요한 생활비나 용돈을 전혀 받지 못한 경우도 33.3%에 달했다고 한다. 일부에서는 체류 자격 문제 때문에 결혼 이주 여성들이 남편에게 종속될 수밖에 없다고 한다.

　나는 알고 싶었다. 그리고 알지도 못하면서 남을 욕하는 사람들에게 알리고 싶었다. 결혼 이주 여성들이 과연 남편에게 종속된 삶을 살고 있는지. 또, 언어 차이가 얼마나 문제인지.

　책을 내는 과정은 결코 순탄치 않았다. 길거리를 다니며 외국인에게 접근했다가 무시당하기도 했으며, 외국인인 줄 알고 영어로 말을 걸었다가 한국인이라며 기분 나쁘다고 욕을 먹기도 했다. 외국인들이 자주 가는 슈퍼마켓이나 우체국에 잠복하면서 외국인을 기다리기도 했고, 외국인을 지원하는 여러 기관에 무데뽀로 찾아가기도 했다.

　협조할 사항이 있으면 공문을 보내라는 꼰대 공무원도 만났으며, 하는 일의 취지는 이해하지만 최소한의 원고료는 줘야 하는 것 아니냐는 요구도 들었다. 어떤 공공기관

장으로부터는 책 팔아먹는 데 자기들을 이용할 생각이냐는 근거 없는 비난도 들어야 했다. 결과적으로 대한민국에서 살아가는 외국인들을 도와주는 것이 일인 공무원들은 내가 하는 일을 도와줄 생각이 전혀 없었으며 결과적으로도 전혀 도움이 되지 않았다. 내가 자기들 철밥통 뺏어 먹을까 봐 그러나?

　결국에는 책이 나왔다. 처음에는 외국인들이 한국에서 살아가는 모습을 보여주려는 의도였지만 외국인들을 만나면서 기획이 변하였다. 한국인들과 언어 문제로 씨름하는 외국인들을 보며 책에 〈생존 한국어〉 장을 추가했다. 예를 들어 자신이 일하고 있는 공장의 한국인 사장에게 이유 없이 '이 새끼야', '저 새끼야', '개새끼야'라는 말을 들었을 때 어떻게 대답해야 한다고 아무도 가르쳐주지 않는다. 기존의 한국어 교재를 봐도 이런 내용은 없으며 이런 걸 물어볼 한국인 친구들도 없는 실정이었다. 필자의 한국어 원어민 지인들을 활용해 욕을 먹었을 때, 부당한 한국어를 들었을 때 받아칠 수 있는 모범 답안을 순위를 매겨 탑재했다.

〈생존 한국어〉를 시작하기 전에는 간단하게 워밍업으로 구기거나 찢을 수 있는 페이지를 몇 장 넣었다. 그 페이지를 찢어서 던지거나 벽에 던지라는 장도 추가했다. 밟거나 주먹으로 치는 장도 넣었다. 필자도 뉴질랜드에서 7년 가까이 일을 한 적이 있다. 서른이 넘은 필자가 길거리에서 고등학생에게 '씨팔놈아'라는 말을 듣기도 했고, 가만히 있었는데 필자의 엄마까지 들먹이며 욕을 하는 인간들도 있었다. 갑자기 언어 공격을 하는 인간들에게 어떻게 대처할까 고민하며 영어로 욕을 공부하던 필자의 지난날이 생각난다. 그렇게 공부하면서 책을 찢거나 던지고 싶은 충동을 느꼈다. 제 책을 찢고 구겨서 기분이 풀린다면 이 책을 마음껏 찢거나 던져주기 바란다.

얼굴을 공개하기 싫은 이주 여성 1
‥ 베트남 말 하지 마!

길거리에서 외국인으로 보이는 분에게 영어로 말을 걸었다가 자신은 한국인이라며, 날씨도 더운데 왜 영어로 개소리하느냐고 핀잔을 들은 후 가까스로 진짜 베트남 여성을 만날 수 있었다. 이름 밝히기를 원치 않는 그녀는 올해로 한국 생활 13년 차라고 했다. 13년 차라는 말에 한국어가 유창할 줄 알았지만 내가 겨우 알아들을 수 있는 수준이었다. 남편은 나이가 많고 놀고 있다고 했다. 자기는 공장에서 일하고 있으며 아기는 잘 큰다고 했다.

먼저 한국의 좋은 점을 물으며 대화를 시작했다. 나는 절대 긍정의 힘을 믿으니까. 한참을 생각하더니 한국은 날씨가 좋다고 대답해주셨다. 한국이 아프리카보다 더 더워서 아프리카 사람들도 깜짝 놀랐다는 기사가 있었지만,

베트남보다는 한국 날씨가 좋은 모양이었다. 나도 동의했다. 내가 살다 온 뉴질랜드는 극심한 추위와 열대야는 없지만 1년 내내 집에서 한기가 빠지지 않았다. 낮에만 반짝 따뜻했다. 베트남은 1년 내내 더위와 이 더위를 한층 더 견딜 수 없게 하는 습기가 빠지지 않는다고 했다.

내가 한국의 좋은 점이 더 없느냐고 묻자 또 한참을 생각하셨다. 내가 그분의 눈을 빤히 쳐다보자 한국은 길거리가 깨끗하다고 했다. 한국의 길거리를 돌아보면 아직 얼음도 녹지 않은 일회용 커피 용기와 담배꽁초 천국이지만 베트남은 온갖 쓰레기가 굴러다닌다고 했다.

이야기는 내 의도와는 다르게 한국에 대한 나쁜 이야기로 흘러갔다. 한국의 좋은 점을 이야기할 때는 질문 하나하나에 한참을 생각하며 대답하더니 나쁜 점에 관한 이야기가 나오자 그녀는 거의 랩을 하듯이 빠르게 말을 이어갔다.

그녀는 한국 사람들이 베트남어를 쓰지 못하게 하는 것에 불만이 많았다. 집에서도 회사에서도 자기가 베트남어

를 쓰는 것을 좋아하지 않는다고 했다. 한국에서 가장 많이 듣는 말이 "베트남 말 하지 마. 한국말 해라."라며 이 말을 서너 번 반복했다. 다른 말과는 달리 이 두 문장은 발음도 상당히 유창했고 단어 하나하나에 화가 들어가 있었다. 얼굴만 쳐다보지 않았으면 장터에서 화난 한국 아주머니가 내뱉는 말 같았다.

그녀는 13년이나 한국에서 생활하고 있다. 한국에서 살고 있지만, 자신은 베트남 사람이고 베트남 말을 잊기 싫다고 했다. 자신의 아이가 베트남어를 못하는 것은 어쩔 수 없지만, 자신은 베트남어를 잊으면 안 된다고 했다.

"제가 베트남어를 잊어버리면 나중에 베트남에 돌아갔을 때 엄마, 아빠랑 어떻게 말해요? 저는 베트남어 잊어버리면 안 돼요."

_길거리에서도, 식당에서도 나쁜 한국인을 만난다

그녀의 말에 따르면 한국 공장의 사장들만 나쁜 것이 아니었다. 길거리에서 만나는 할머니나 식당에 갔을 때 옆 테이블에 앉아 있는 아주머니 아저씨들도 나쁘다고 했다. 내가 어떻게 나쁘냐고 묻자, 그녀는 길거리에서 만난 사람들이나 식당에서 옆에 있는 사람들도 자신에게 베트남 말을 못 하게 한다고 했다. 나는 길거리에서 만난 사람들이나 식당에서 만난 사람들이 왜 베트남어를 못 쓰게 하는지 궁금했다.

"베트남 말이 시끄럽대요. 길에서도 식당에서도 베트남 말을 하면 시끄럽다고 하지 말래요."

나는 베트남 말이 정말 시끄러운지 궁금해서 조금 말을 해보라고 부탁했다. 어떻게 갑자기 하느냐고 부끄러워하더니 이내 몇 마디 해주었다. 욕을 했다고 하는데 나에게는 전혀 욕같이 들리지도 않았고 프랑스 욕을 듣는 것처럼 귀를 편하게 해주는 욕이었다.

"한국말도 시끄러워요. 너도 베트남 가서 한국말 하지 마. 시끄럽다고 말하지 말라고 하면 기분 좋겠어요?"

너라는 말에 깜짝 놀랐지만, 특정하게 나를 지칭하는 말이 아니라는 생각을 하며 계속 인터뷰를 이어갔다. 나도 외국에서 10년이나 살아봤기에 공감이 되었다. 식당이나 길거리에서 친구들과 한국어를 쓰고 있으면 눈치를 주는 사람들이 있었다. 청소년들이나 개념이 없어 보이는 친구들은 '칭창총'이라든가 이상하게 한국어를 흉내 내며 내가 아무 잘못을 하지 않았는데도 나를 비난했다. 내가 태어나서부터 쓴 말을 쓴다고 놀림을 당했다.

"한국은 다 좋은데 한국 사람들이 우리 베트남 사람을 무시하는 게 싫어요. 베트남 사람이라고 무시하고, 베트남 말 못쓰게 하고."

그녀는 집에서는 물론 거리에서도 베트남 말을 하지 못한다. 엄마가 베트남 말을 하지 못함으로써 아이도 당연히 베트남 말을 하지 못한다. 자연스럽게 2개 국어를 배울 기회를 놓치는 다문화 가정 아이들이 안타까웠다. 만약에 엄마가 영어를 모국어로 쓰는 나라에서 왔다면 과연 그랬을까? 아이의 아빠와 할머니는 얼씨구나 하고 아이와 엄마가 영어를 쓰게 했을 것이다.

영어가 베트남어보다 과연 우월한 언어라고 할 수 있을

까? 영어가 베트남어와 다른 점은 간단하다. 영어를 쓰는 영국이라는 나라가 다른 나라보다 먼저 산업혁명을 일으켜 아이들을 착취해서 과잉 생산된 면화를 팔기 위해 다른 나라를 침탈했고, 다른 나라에서 짜낸 부를 이용해서 해가 지지 않는 제국을 만들었을 뿐이다. 베트남에서 산업혁명이 먼저 일어났다면 우리나라가 베트남 경제에 완전히 종속되어서 베트남에 간호사로, 광부로 가서 일했을 수도 있다.

"길거리에서도 할머니들, 아저씨들이 말해요. 시끄럽다고. 베트남 말 하지 말라고. 제가 '네, 알았어요.' 하면 '한국말 잘하면서 왜 베트남 말해?'라고 말해요. 저는 베트남 사람이에요. 베트남 사람이니까 베트남 말 해야 해요."

베트남 사람이니까 베트남 말을 해야 한다는 그녀의 말을 잊을 수가 없었다. 우리나라도 일제 침략을 당하면서 한국어를 쓰지 못한 경험이 있다. 학교에서 어린이들이 한국말을 하면 죽도록 얻어맞았다고 한다. 숨어서, 야학을 통해서 한국어를 배운 역사가 있는 민족이 다른 민족이 그 나라의 말을 쓴다고 욕을 하는 것은 말이 되지 않는다.

얼굴을 공개하기 싫은 이주 여성 2
·· 베트남 여자는 문란하다고?

한국에 온 지 3년밖에 안 되었다는 여성은 다른 고민을
하고 있었다.

"부부는 마음이 안 맞으면 이혼할 수 있어요. 한국 사람
도 이혼하죠? 왜 우리가 이혼하면 나쁜 거예요?"

내로남불이다. 우리는 남들이 무슨 일을 하면 쉽게 비
난한다. 인터넷에서 남편에게 매 맞는 베트남 이주 여성
의 영상이 공개되고 며칠 후 이 피해 여성을 비난하는 댓
글이 달리기 시작한다. 청와대 국민청원 게시판에 〈베트
남 여성 폭행 사건의 피해자에게 한국 국적을 주지 말라〉
는 청원도 올라왔다. 도대체 무슨 일이 있었을까?

베트남 이주 여성을 때린 남편이 피해자와 내연관계였

다는 보도가 나오면서부터 베트남 여성에 대한 부정적인 내용이 퍼지기 시작했다. 한국인 남편은 이 베트남 여성과 결혼한 상태가 아니라 내연관계였다고 한다. 두 사람은 5년 전부터 사귀기 시작했는데, 그 둘이 사귀기 시작했을 때 한국인 남성은 두 번째 부인과 이혼하지 않은 상태였다고 한다. 이런 비난은 자신이 한국인 남성의 전 부인이라는 사람의 글이 인터넷에 올라오면서 시작되었다.

인터뷰 대상인 베트남 이주 여성은 한국어로 작성된 전 부인의 증언을 읽을 수가 없었기에 내가 대신 찾아 설명해 주었다.

영상에 나온 남성의 전 부인이 쓴 〈글의 전문〉은 대충 다음과 같은 내용이었다.

전 부인은 사건이 발생한 해 1월에 영상에 나온 남성과 이혼했다고 한다. 글을 쓴 이유는 동영상 속 베트남 여성 또한 폭력을 가한 남성과 다를 게 없는 사람이란 것, 피해자로 나온 베트남 여성이 피해자이기만 한 건 아니라는 걸 말하고 싶어서라고 했다.

그녀는 구타를 당한 베트남 여성이 기사에서 폭력을 가한 남성의 내연녀라고 아주 당당히 밝힌 것과 아이를 한국에서 키우고 싶다고 밝힌 기사 또한 읽었다고 한다. 영상 속의 베트남 여성을 보호해 줘야 한다는 국민의 목소리가 점점 커지고 있다는 소식도 알고 있었다. 하지만 자신의 가정을 파탄 내어 놓고 두 사람이 잘살기 위해 한국에 넘어왔다는 기사를 읽고 너무너무 분통하고 속상했다고 한다.

영상에 나온 베트남 여성은 당시에 이혼하지도 않은 자기 남편을 만났는데, 그녀를 만나 '그 남자는 유부남이고 아이도 있으니 만나지 말아 달라'는 말을 여러 차례 했다고 한다. 전 부인은 영상에 나온 베트남 여성을 직접 만나기까지 했다는 것이다. 아이를 임신해 베트남에 가서 그 아이를 낳고 결혼식 및 돌잔치까지 한 걸 알았을 때는 정말 화가 났다고 한다.

남의 눈에 눈물 나게 해놓고 잘 살아보겠다며, 아이를 한국에 데려와 버젓이 키우고 있는 상황이 너무 소름 끼치고 속상하다며 이 모든 일이 베트남 여성이 계획한 데로 진행되고 있다고 비난했다. 전남편 역시 폭언, 가정 폭력, 육아 무관심과 바람을 피운 죄로 벌을 받아야 하지만 영상에 나온 베트남 여성도 전남편과 다를 게 없는 똑같은 사람이라고 주장했다.

어떤 이유에서건 폭력은 무섭고 용납할 수 없는 일이라며 동영상을 보고 자신도 정말 놀라고 무서웠지만, 남의 가정을 파탄 내어 놓고 잘살아 보겠다고 한국에 넘어와 뻔뻔하게 살고 있는 베트남 여성을 봤을 때 너무 속이 상했다고 했다.

그녀는 영상에 나온 전남편이 바람을 피웠을 때 경찰서에 신고도 했다고 한다. 남편이 바람피운 여성과 같이 있다며 경찰에게 와 주면 안 되겠느냐고 신고했지만, 경찰은 간통죄가 폐지되었고 심증만으로는 출동할 수 없다는 말을 했다며, 그 말을 듣고 대한민국이라는 나라가 한심하게 느껴졌다고 썼다. 자신의 나라에서 경찰에게 도움을 못 받는 현실이 너무너무 괴로웠다고 했다.

영상에 나온 아이 또한 바람을 피운 사이에서 태어났다고 밝혔다. 자신은 전남편에게서 양육비를 받지 못하고 힘겹게 아이를 키우고 있는데 전남편은 새 가정을 꾸려 뻔뻔스럽게 혼인 신고를 하고 살고 있었다는 게 너무 화가 난다고 거듭 밝혔다.

그동안 자신에게 몹쓸 짓을 해놓고 한국에 머물며 아이를 한국에서 키우고 싶다는 말을 하자 화가 나서 인터넷에 위와 같은 글을 올렸다고 한다. 그녀는 영상에 나오는 사람들은 뻔뻔함의 극치를 보이며 일말의 죄책감도 없는 것 같다며 두 사람 모두를 엄중하게 처벌할 것을 요구하고 있었다. 또한 베트남 여성을 베트남으로 다시 돌아가게 꼭 좀 도와달라는 말로 글을 마쳤다.

_한국 국적 때문에?

이렇게 시작된 인터넷 댓글은 피해 여성이 한국 국적을 얻기 위해서 의도적으로 한국 남성의 폭력을 유도했다는, 합리적이지 않은 의심으로 발전했다. 이때부터 SNS에 "베트남 여자들은 시집오면 몇 년 살다가 한국 국적을 주면 바람나서 베트남 남자를 만난다."라는 근거 없는 글이 확산한 것이다.

나는 이해가 되지 않았다. '부인과 아이가 있는 남자를 만났으면 나쁜 여자다. 나쁜 여자는 한국 국적을 주면 바람을 피워서 다른 남자를 만날 것이다'로 발전되는 인터넷의 논리 전개가 도저히 이해되지 않았다. 일단 나쁜 일을 했으니 나쁜 사람일 것이다. 나쁜 사람이 다른 나쁜 의도도 가지고 있을 것으로 전개되는 논리였다. 여기에 베트남이라는 특정 국가를 일반화시키기도 했다.

"요즘 영상 사건 때문에 사람들이 많이 오해해요. 바람 피우는 사람은 세계 어디에도 있어요. 한국에도 있고, 베트남에도 있어요. 한국 사람은 바람 안 피워요? 한국 사람은 결혼한 남자라면 절대로 안 만나나요?"

물론 이주 여성 중에도 나쁜 목적을 가지고 결혼하는 사람이 있을 것이다. 하지만 한국 여성들은 이런 경우가 없는가.

"나이 많은 남편이랑 결혼하고 이혼하고 다른 남자 만난다고 하는데, 한국 여자는 절대로 안 그러나요?"

그녀는 마지막으로 이렇게 써달라고 당부했다.

"한국도 베트남도 좋은 사람, 나쁜 사람 있어요. 바람피우는 것, 이혼하는 것도 사람 사는 곳이라면 다 있어요. 제발 우리를 다르게 보지 않았으면 좋겠어요. 우리도 한국에서 일하고, 한국에서 밥 먹고, 한국 정부에 세금 내고, 한국에서 살아요. 우리도 한국 사람이에요. 제발 무시하지 마세요."

앞서 자료에도 나왔다시피 결혼 이주 여성 중에 베트남 국적의 여성 수가 특히 많다. 베트남 국적의 결혼 이주 여성이 많기 때문에 한국 국적을 취득한 후에 한국 남성과 이혼하고 베트남 남성을 만나는 사람도 다른 나라 사람에 비해 많이 있을 것이다.

결혼하고 사업도 하고 있는
이주 여성

　결혼 이주 여성들이 남편에게 종속되는 이유는 비자 문제와 경제적 문제 때문이라고 한다. 나는 이번에는 한국 생활이 길고, 경제적으로 자립적인 생활을 하고 있는 베트남 이주 여성의 이야기를 듣고 싶었다. 외국인들이 잘 다니는 곳에 잠복도 하고 여러 방향으로 수소문한 끝에 한국에서 베트남 식당을 운영하고 있는 한 여성을 만날 수 있었다.

　그녀는 시골 읍내에서 베트남 식당을 운영하고 있는 베트남 결혼 이주 여성이었다. 그녀의 이름은 팜흥키엠, 한국에 온 지는 10년이 되었다고 한다. 그녀는 한국어가 유창해서 한국에서 살고 있는 베트남 이주 여성들에 대한 많은 이야기를 들을 수 있었다.

그녀는 한국에 취업 비자로 들어왔고 거의 5년간 외국인 근로자로 살았다고 한다. 이후에 한국인 남편을 만나서 지금은 남편과 아이, 이렇게 세 식구가 살고 있다고 한다. 남편의 나이는 37세, 자신은 35세라고 했다. 남편은 성실하고 착한 사람이라고 했다. 너무 순해서 다른 사람에게 무시를 당해 일부러 어깨에 문신까지 한 귀여운 남자라고 소개했다.

　그녀는 일반인들이 알고 있는 기준의 결혼 이주 여성이 아니었다. 소개 업체의 주선으로 나이가 많은 남자와 결혼해서 대한민국으로 이주한 여성이 아니라 한국에서 생활하다가 한국 남자와 연애결혼을 한 경우였다. 그녀에 따르면 이렇게 한국 남자와 연애결혼을 한 이주 여성들의 수도 많다고 한다. 그리고 베트남 남자와 같이 다니는 베트남 여자들도 흔히 사람들이 오해하듯이 결혼을 목적으로 와서 이혼하고 베트남 남자를 만나는 것이 아니라 같은 외국인 노동자의 신분으로 사귀는 경우가 많다고 했다. 아는 만큼만 보이고 무지는 오해를 낳는다는 말이 실감 나는 순간이었다.

_한국 남자와 연애결혼, 부모가 반대해

그녀의 아버지와 어머니는 둘 다 선생님으로 보수적인 집안에서 자랐다고 한다. 저녁 늦게까지 밖에 돌아다닐 수 없었으며 베트남에서는 짧은 치마나 바지를 입어본 적이 없다고 한다. 염색을 하면 나쁜 사람이라는 생각에 흰머리가 나도 염색을 할 수 없었다고 한다. 그래서 최근에는 와인색으로 머리를 염색했다고 한다. 와인색으로 염색을 하면 영상 통화를 할 때도 절대 들킬 염려가 없다고 했다.

부모를 소개하거나 부모가 자식 교육을 하는 방식도 한국 문화와 많이 닮아 있었다. 내가 한국과 베트남이 비슷한 것 같다고 하자 베트남도 한자 문화권으로 유교 문화권에 있다고 설명해주었다. 나는 전혀 모르고 있던 사실이었다.

"한국 사람은 우리랑 생각이 달라. 이 결혼 꼭 해야 하겠니?"
한국 남자와 결혼한다고 했을 때 그녀의 아버지가 처음

한 말이라고 한다.

"나는 나한테만 잘해주는 남자면 돼요. 그 사람이면 돼요."

그녀는 자신만 바라보는 남편이 좋았다고 한다.

그녀의 남편은 양 부모가 모두 돌아가시고 혼자 살고 있었다. 가진 것도 당시 살던 원룸 보증금 천만 원이 전부였다고 한다.

"우리 남편은 엄마, 아빠 없어요. 돈도 없어요. 불쌍해서 결혼했어요."

그녀는 웃으면서 말했다.

시간이 지나 딸의 의지를 확인한 후 그녀의 아버지는 이렇게 말했다고 한다.

"그 남자 버리지 마. 불쌍해. 엄마 아빠도 없이 이 세상에 혼자서 살아가잖아."

그녀는 그때 아빠가 말리지 않아서 지금의 남편을 만나 이렇게 밤낮 일을 하며 고생한다고 농담을 던졌다.

_내 인생 왜 이래?

그녀의 하루는 5분도 앉을 시간 없이 돌아간다고 했다.

그녀는 아침부터 남편의 아침 준비를 하고 아이를 챙긴 후 어린이집에 보내고 가게에 와서 장사 준비를 한다. 장사를 마친 후 어린이집에 가서 아이를 데리고 온 후 퇴근하는 남편을 챙긴다. 고된 하루에 지쳐 잠이 들고 다시 다음날을 맞이한다. 그녀는 아기를 낳은 후에도 겨우 2주도 안 돼 출근했다. 간신히 몸을 추슬렀을 때 여러 가지 문제로 가게도 다른 곳으로 옮겨야 했다고 한다.

"몸이 완전 할머니가 됐어요. 뼈 마디마디가 다 쑤셔요."

어디서 들어 본 이야기인가 했더니 우리 할머니 세대가 자주 하던 말이다. 지금이야 산후조리원도 생기고 해서 출산 후에 충분한 휴식을 취해야 한다는 것이 상식이 되었지만, 예전 우리 어머니, 할머니 세대는 출산 후에 곧 집안일을 해야 했다.

"신랑이 한 명 더 낳고 싶다기에 '한 명 더 낳고 싶으면 다른 여자 만나서 낳아요!'라고 해줬어요."

그녀도 다른 여자들의 삶이 부럽다고 한다. 남편이 충분한 수입이 있어 아이와 같이 여기저기 다니는 여자들을 보면 자신의 처지가 한심하다고 했다. 그녀는 아이의 사진을 보여주며 빨리 가게를 정리하고 집에 가서 아이를 안고 싶다고 했다. 하루는 아이가 아파 부랴부랴 가게를 정리하고 병원에 갔다. 아이의 조그만 팔에 주삿바늘이 꽂히는 것을 보고 결심했다고 한다.

'아가야, 엄마가 이제부터 욕심 안 부릴게. 이제부터 가게 여는 시간도 줄이고 너랑 같이 있어 줄게.'

시장 안에서 2년간 가게를 운영하다가 식당을 다른 곳으로 옮겼다. 오랫동안 가게를 운영하던 시장에서 나올 수밖에 없는 사연도 있어 보였다.

_식당 앞에서 줄 서서 기다릴 정도

시장 안에서 가게를 운영했을 때 장사가 잘 되었다. 쌀국수를 먹으려고 멀리서까지 찾아왔다. 가게 앞에는 언제나 사람들이 길게 줄을 섰다. 저녁에는 가게 앞에 빈 맥주

상자가 40박스나 쌓일 때도 있었다고 한다. 시장 사람들도 베트남 쌀국수 맛에 빠져서 점심때마다 찾아왔다. 손님이 많아지자 시장 사람들도 줄을 서야 했다.

하루는 시장에서 장사하는 한 할머니가 식당 앞의 줄을 무시하고 가게로 들어왔다. 바쁘다며 자기한테 먼저 팔라며 자리에 앉았다. 그녀는 아는 사람이라고 편의를 봐줄 수는 없었다. 그 할머니는 그대로 자리를 떠서 다시는 식당에 발을 들이지 않았다.

그때부터 시장 바닥에는 베트남 쌀국수집은 미원을 덩어리째 넣는다는 소문이 퍼졌다. 점심을 먹으러 오던 시장 사람들의 발길이 끊겼다. 식당 앞에서 줄을 서서 기다리는 손님들에게 이 가게는 미원으로 맛을 낸다고 말을 던지고 가는 인근 상인들이 생겼다. 차차 손님이 줄었다. 아침부터 닭 육수를 끓여서 국물을 만들고 있다는 사실을 뻔히 알고 있는 주변 상인들이 그런 소문을 퍼트리자 그녀는 마음이 아팠다.

바쁠 때마다 베트남 커피를 타달라고 들르는 할머니가 있었다. 한번은 너무 바빠서 그녀에게 커피를 타줄 수 없었다. 할머니는 그날부터 그녀를 봐도 본체만체했다.

나는 할머니들 이해해요. 한국 할머니들은 6 · 25전쟁부터 가난한 시절까지 온갖 힘든 일들을 겪었잖아요. 성격이 격한 사람들이 있어요. 할머니들 가게에 놀러 와서 이것저것 잔소리해요. 이리와 저리와 하면서 명령하고 해요. 하지만 저는 괜찮아요. 우리 엄마 아빠도 성격이 힘들어요. 제가 하는 일에 간섭 많이 해요. 잔소리도 많이 해요. 한국에서 할머니들 때문에 힘들 때도 있지만 고향에 계신 엄마 아빠 생각하면서 이해하려고 해요."

그녀는 주변 상인들에게 일부러라도 먼저 인사를 하고 다녔다. 하지만 한번 마음이 돌아선 시장 사람들은 더는 그녀의 인사를 받아주지 않았다.

손님들이 줄자 한 할머니가 가게 앞에서 좌판을 깔고 장사를 하기 시작했다. 힘겹게 물건을 가져와서 장사하는 할머니를 보며 그녀는 고향에 계시는 엄마 생각을 했다. 베트남 문화에서도 나이가 적은 사람이 나이가 많은 사람에게 함부로 이야기하지 않는다고 했다. 하지만 손님들이 들어오는 데 방해가 되는 할머니를 그냥 두고만 볼 수는 없어 하루는 용기를 내었다.

“할머니 저쪽에서 장사하시면 안 돼요? 손님들 들어오는 데 방해되잖아요. 저도 월세 내고 장사하는 거예요.”

그녀는 참다 참다 못해 말했다.

“뭐라고? 못 알아듣겠어.”

할머니는 그녀의 한국어를 못 알아듣는다는 듯이 무시했다.

“여기서 장사하시면 식당에 물건 가져오는 택배 아저씨들도 불편해해요. 손님들도 왔다 갔다 해야 해요.”

그녀는 울컥해서 말했다.

할머니는 화를 내며 다른 자리로 옮겼다. 장사를 하다 만 쓰레기는 고스란히 그녀의 가게 앞에 놓여 있었다. 아저씨들이 피우다가 땅바닥에 던져놓은 담배꽁초도 많았다. 그녀는 말없이 쓰레기를 치우며 울었다. 베트남에 계신 엄마 생각이 간절했다. 대한민국이라는 땅에서 자기는 혼자 살아가야 한다는 생각에 슬펐다. 집에 돌아와서 남편에게 그날 있었던 일을 말했다.

“한국은 그런 사람들 많아. 한국에서 장사하려면 성격부터 둥글둥글해야 해.”

남편은 그녀에게 조언해 주었다. 그녀는 둥글둥글한 성격이라는 것을 이해하기가 힘들었다. 생김새가 다르다고, 한국 사람들만큼 한국어를 못한다고 불합리한 대우를 받고도 참아야 하는 것이 둥글둥글함의 의미라면 그 둥글둥글함은 과연 누구를 위한 둥글둥글함인지 궁금했다. 한 사회에서 대다수를 차지하는 주류를 위한 둥글둥글함인지, 아니면 모든 사람을 폭넓게 아우를 수 있는 둥글둥글함인지 그녀는 궁금했다.

_원래 그쪽 나라 사람들이 게으르잖아

시장에서 미나리를 파는 할머니가 있었다. 자기가 손님들에게 많이 광고해주었다며 항상 커피를 마시러 오는 할머니였다. 바쁠 때 소홀히 대접한 적이 있었다. 이 할머니도 머지않아 그녀를 싫어하게 되었다. 아침에 가게를 찾는 손님들을 쫓아버리고 있는 할머니의 모습을 발견했다.

"아무리 기다려도 문 안 열 테니까 돌아가. 이 베트남 여자는 밤에만 장사해. 원래 그쪽 나라 사람들이 게으르잖아."

할머니는 찾아오는 손님들에게 근거 없는 소문을 퍼뜨리고 있었다.

그녀는 아기를 낳기 전까지는 손님이 많아 아침 7시부터 새벽 2시까지 일했다고 한다. 아침부터 새벽까지 아무 것도 못 먹고 정신없이 일했다. 가게를 마치고 집에 돌아갈 때는 긴장이 풀려 머리가 핑핑 돌았다고 한다. 아기를 낳고 처음에는 아침에도 가게 문을 열었다. 3개월이 채 지나지 않은 아이를 어린이집에 맡겼다. 매일 아침 아직 잠에 취해있는 아이를 안고 어린이집으로 향했다. 처음에는 직장을 마친 남편이 아이를 집으로 데리고 갔다. 그녀는 퇴근 후 집에서 이미 잠들어 있는 아이만 만날 수 있었다. 가슴이 아팠다. 아이가 아프고 난 후부터는 아이와 함께 있는 시간을 늘렸다.

아이의 사진을 보여주는 그녀의 눈가에는 눈물이 맺혀 있었다.

그날 저녁 남편에게 처음으로 자신의 인생에 대해 한탄했다. 자기 생명보다 소중한 아기를 모르는 사람들의 손에 맡기는 현실이 싫었다. 아이 걱정에 불안해서 일이 손에 잡히지 않는다고 털어놓았다. 남들이 불평하는 시어머니라도 있었으면 좋겠다고 했다. 갓난아이를 할머니에게 맡기면 불안함도 좀 없어질 것 같았다. 그날 남편과 같이 밤새 울었다.

_한국어로 싸운 경험

그녀는 한국에 와서 딱 한 번 큰 소리로 싸웠다고 한다. 지금도 그때를 생각하면 심장이 벌렁거린다고 했다.

머리는 하얗고, 옷을 입고 다니는 모양이 부자인 것 같은 아저씨였다고 한다. 가게를 마치고 서둘러 집으로 가기 위해 자신의 마티즈 차에 올랐다.

"야! 야! 문 열어!"

작은 차가 흔들릴 정도로 누군가가 차창을 내리쳤다.

"너 어디에서 온 년이야?"

"예?"

그녀는 놀라서 차 문을 열지도 못하고 덜덜 떨었다.

"야, 이 새끼야! 너 어느 나라 사람이냐고 묻잖아."

아저씨는 벌건 얼굴로 계속해서 차 유리창을 두드렸다.

차 문을 열고 나가자 아저씨는 그녀의 얼굴에 손가락질하며 흥분했다. 무슨 새끼와 무슨 새끼가 오갔고, 개와 이상한 동물들의 이름이 새끼와 어우러졌다. 그녀가 아무런 대답도 못 하고 벌벌 떨고 있자, 아저씨는 더 큰 소리로 욕을 했다.

"아저씨, 조금 멀어."
그녀는 자신도 이해 못 할 한국어로 필사적으로 대항했다. 얼굴 가까이에 손가락질하기에 조금 멀리 떨어져 달라는 의미였다. 그 아저씨는 그녀의 말을 이해하지 못했다. 아니 이해하려고 하지도 않았다. 다시 '뭐라고'와 '새끼', 그리고 동물들이 뒤섞인 말 폭탄이 뛰어들었다. 그녀는 마음이 급했다. 아이를 보고 싶어 무조건 죄송하다고 했다. 아저씨는 구경하던 사람들에게 "이 외국 새끼 다음부터 여기에 주차하지 말라고 해라."라는 말을 남기고 떠났다. 그녀는 지금도 누가 한국어로 큰 소리를 치면 자기에게 향한 말이 아닌데도 간이 떨리고 닭살이 돋는다고 한다.

그녀는 밤에 남편에게 물었다.

"자기야, 오늘 어떤 아저씨가 나한테 개새끼라고 했어. 개 아기라는 말이야?"

"그거 나쁜 말이야."

남편은 미안해하며 가르쳐 주었다.

그녀는 남편한테밖에 하소연할 데가 없다고 했다. 자기도 남편 말대로 둥글둥글한 성격으로 고치고 장사도 열심히 해서 행복하게 살고 싶다고 했다. 하지만 한국에서는 그렇게 살기가 너무 어려웠다.

한국어를 잘하면 좀 더 나아질 것 같지만 한국어를 배울 시간이 부족하고 마음의 여유도 없다고 한다. 이주 여성들을 위한 한국어 강좌가 개설되어 있지만 매일 그 시간에 맞춰서 가기도 힘들뿐더러 자기같이 10년 넘게 살고 있는 사람들에게 필요한 한국어는 강의 시간에 가르쳐주지 않는다고 한다. 자기에게 필요한 한국어는 이 새끼, 개새끼 같은 욕을 들었을 때 대답할 수 있는 방법인데, 선생님들은 물론 남편도 그런 한국어는 가르쳐주지 않는다고 한다.

그녀는 남편이 베트남 국수를 너무 좋아하고 식당을 하면 잘할 것 같다는 격려에 식당을 개업했다. 일하지 않을 때는 남편을 위해서 한국 음식을 만든다. 김치도 매년 담근다. 남편 친구들이 놀러 오면 쪽파 김치나 밑반찬 같은 것도 챙겨준다. 시어머니도 없는데 어떻게 그렇게 한국 요리를 배웠느냐고 물으니, 네이버에서 검색하면 다 나온다는 천상 한국 주부 같은 대답이 돌아왔다.

요즘 들어 부쩍 장사하고 있으면 한국 아저씨들이 애인이 있느냐는 둥, 신랑이 괴롭히면 이혼하라는 이야기를 많이 한다고 한다. 심지어 몇 번 식당을 찾아와놓고는 느닷없이 사랑한다고 사귀어 보자고 고백을 하는 사람도 있다고 했다. 처음에는 당황하기도 하고 어떻게 대답해야 할지 몰랐지만, 지금은 그냥 무시하고 바람이 분다고 생각하며 그냥 흘려버린다고 한다.

그녀는 지금 한국 국적을 따려고 준비하고 있다. 한국 국적을 따야 한국 이름을 쓸 수 있고 한국 이름을 써야 아이가 초등학교에 가서 엄마의 이름 때문에 차별받지 않을 것 같아서다.

베트남에 사는
베트남 여성에게 한국이란

   나는 문득 베트남에 있는 사람들은 자기 나라의 여성들이 한국에서 얻어터지고 있다는 사실을 알고 있는지 궁금해졌다. 여러 채널을 통해 수소문한 결과 베트남 현지 여성과 온라인으로 인터뷰를 할 수 있었다. 하노이에 사는 여성으로 이름은 Thuy라고 한다. 베트남에 대한 자세한 사정을 아주 친절하게 알려주었다. 지면을 빌려서 감사의 인사를 전하고 싶다.

   나 혹시 한국에 시집온 베트남 여성이 남편에게 얻어맞은 사건을 아시나요?

   베트남 여성 네. 저도 2개월 전쯤에 그런 일이 있었다는 사실을 들은 적이 있어요.

나　진짜 유감입니다.

베트남 여성　저는 가족 간의 폭력은 어떤 형태로든 나쁘다고 생각합니다. 어떤 형태로든 말이에요. 한국 사람과 베트남 사람 사이이든, 남편과 부인 사이이든, 부모와 자식 간이든 가족 간의 폭력은 있어서는 안 된다고 생각합니다.

나　저도 동감입니다.

베트남 여성　현재 많은 베트남 여성들이 해외로 가서 결혼생활을 하고 있어요. 해외에 가서 사는 베트남 여성들은 외톨이에요. 낯선 나라에 혼자 가서 그 나라에 뿌리를 둔 남편이나 남편의 가족들과 같이 살고 있어요. 그 사람들은 만나는 사람들도 한정되어 있어 고립되어 있어요. 그중에 운이 좋은 여성들은 좋은 사람들을 만나서 행복하게 살고 있어요. 하지만 적지 않은 베트남 여성들은 낯선 나라에서 자신이 의지하고 있는 사람으로부터 폭력이나 폭언에 시달리면서 살고 있습니다.

나　원인은 뭐라고 생각하세요?

베트남 여성　저는 언어 차이가 제일 큰 원인이라고 생각
　　　　　　합니다. 사소한 의견 차이나 행동의 차이가
　　　　　　대화로 풀리지 않기 때문에 극단적인 형태
　　　　　　로 표출된다고 생각합니다. 폭력은 가장 악
　　　　　　질적인 형태로 의사소통이 이루어지는 형태
　　　　　　이지요.

나　베트남 사람들은 베트남 여성들이 해외에서 폭력을
　　당하고 있다는 소식을 들으면 어떤 생각을 하나요?
　　화가 나나요?

베트남 여성　저는 화가 나기보다는 슬픈 감정이 앞섭니다.

나　슬픔이라.

베트남 여성　저는 이번에 아이까지 옆에 있는 데도 남편

에게 폭력을 당한 여성의 소식을 듣고 너무 슬펐습니다. 감정이입이 되었어요. 제가 만약에 제 아이 앞에서 남편에게 맞는다면 정말 비참할 것 같았습니다. 더군다나 가족이나 친구들과 몇만 리나 떨어진 곳에서 유일하게 의지하고 있던 남편에게 얻어맞는다면 정말 죽어버리고 싶을 것 같았습니다.

나 한국 사람들이 다 그런 건 아닙니다. 예를 들어 아직도 많은 사람이 베트남 사람들에게 국가 차원에서 사죄해야 한다고 생각하고 있어요.

베트남 여성 국가 차원의 사죄라니요?

나 한국은 경제적인 이유로 베트남 전쟁에 참전했습니다. 대한민국 국민들은 베트남 전쟁에 참전한 한국 군인들이 베트남에서 몹쓸 짓을 한 것을 모두 알고 있습니다. 일부에서는 우리는 일본처럼 과거의 잘못을 숨길 것이 아니라 베트남에 적극적으로 사과해야 한다고 주장하고 있습니다.

베트남 여성 그럴 필요 없어요. 지금 저희 세대는 전쟁을 겪지도 않았고, 한국 군인들이 베트남에 와서 나쁜 짓을 했다고 해도 이미 지나간 일이에요. 나쁜 과거는 그냥 흘러가게 내버려 두는 게 최선이에요.

나 베트남 사람들 모두가 그런 생각인가요?

베트남 여성 젊은 세대들은 대부분 그렇게 생각합니다. 위 세대분들은 조금 다르지만요. 예를 들어 우리 할머니는 아직도 베트남 전쟁 때문에 일어났던 일들을 잊어버리지 않고 있어요. 우리 할머니는 아직 전쟁 때 일어났던 일들을 우리에게 이야기합니다. 우리는 그냥 듣고는 있지만, 전혀 공감은 하지 못하고 있어요.

나 어떤 이야기인가요?

베트남 여성 한국 군인들이 어느 마을에 가서 남자들은 다 죽이고 여자들에게 몹쓸 짓을 했다, 뭐

그런 이야기들이에요.

나　그런 이야기를 들으면 한국에 부정적인 감정이 들거나 하지는 않나요?

베트남 여성　저희 세대는 전혀 그렇지 않아요. 젊은 세대 사람들은 한국을 굉장히 좋아해요. 특히 한국의 가수들은 선망의 대상이에요.

나　베트남에서는 안 좋은 역사는 배우지 않나요? 우리는 학교에서 역사 시간에 일본이 한국을 침략한 후 한 나쁜 짓을 너무 많이 배워서 젊은 세대도 일본에 좋은 감정을 가지고 있지 않습니다.

베트남 여성　좋은 지적이네요. 그러고 보니 최근에는 학교에서 역사 수업시간이 많이 줄었습니다. 프랑스나 미국과의 나쁜 역사도 많이 가르치지 않아요. 대신에 영어 수업시간이 엄청나게 늘어났습니다.

나　영어 시간이 늘었다고요? 그거 재미있네요.

베트남 여성　네. 제 여동생 학교에서는 도덕 시간까지 줄인 대신에 영어 시간이 대폭으로 늘었습니다. 저희도 웃긴 일이라고 생각하고 있습니다.

나　영어가 그렇게 중요한가요?

베트남 여성　최근에 외국과의 합작 사업으로 경제가 좋아지면서 그렇게 된 것 같습니다. 지금은 초중고, 대학을 막론하고 다 영어를 중요시하고 있습니다.

베트남에서 일한
한국 남성에게 베트남이란

그렇다면 과연 베트남에서 살았던 한국 사람은 베트남에 대해서 어떻게 생각할까? 수소문 끝에 베트남에서 근무한 한국 남성 서 모 씨를 만날 수 있었다.

나 베트남에서 근무하셨다고요?

한국 남성 네.

나 베트남 생활은 어떠셨어요?

한국 남성 불편했어요.

나 좋은 점은 없었나요?

한국 남성 좋은 점요? 물가가 싼 것 말고는 딱히 없었습니다.

나 사람들은 어땠나요? 한국 사람들에게 친절했나요?

한국 남성 글쎄요. 베트남 사람들은 자존심이 세더라고요. 미안하다는 단어가 있는데 저는 베트남 사람들이 미안하다고 하는 말을 한 번도 들어본 적이 없어요.

나 부정적인 점밖에는 없는 건가요?

한국 남성 제가 느끼기에는 좋은 게 별로 없었어요. 기본적으로 위생도 좋지 않고, 길거리도 쓰레기 천지고, 인터넷도 느리고 해서 생활하는 데 많이 불편했어요.

나 혹시 한국과 베트남 간에 긍정적인 내용은 없을까요?

한국 남성 긍정적인 내용이라? 박항서 감독?

나 그건 좀 아닌 것 같은데. 어쨌든 감사했습니다.

베트남에서 살다 온 한국 사람들의 베트남 생활에 대한 만족도는 높지 않았다. 한국에서 살아가는 베트남 사람들처럼 차별이나 무시를 당하는 경우는 없지만, 베트남 사람들과 잘 어울리는 것 같지는 않았다. 그에 반해 한국에서 살아가는 베트남 사람들은 기본적으로 생활 수준에 만족하고 있었다. 수입이라든가 위생이 좋다고 느끼고 있었다. 하지만 한국 사람들에게 무시를 당하고 차별을 당해 불편을 느끼고 있었다. 그리고 베트남에 사는 한국 사람들보다는 양호하지만 가족을 제외한 현지인과 교류는 많지 않았다.

나도 외노자였다
See Far, 욕이 아니라 멀리 보자는 말이다

2019년 7월 전남 영암에서 베트남 출신 여성이 남편에게 폭행당한 것이 이 프로젝트를 시작한 계기였다. 이 여성이 얻어맞고 있는 동영상을 보고 있는데 도저히 가만히 앉아 있을 수 없었다. 손발이 떨리고 감정이 북받쳐서 가만히 있을 수가 없었다. 특히 내 마음을 쿡 하고 찌른 내용은 두 가지였다. 먹는 것과 말하는 것.

한국인 남편은 영상에서 이렇게 이야기했다.

"(베트남) 음식 만들지 말라 했어. 안 했어? 내가 (여기) 베트남 아니라고 했지."

한국인 남편은 베트남 사람에게 베트남 음식을 만들어 먹지 말라고 했다. 베트남이 아니라 한국이라면서. 한국 사람들은 해외여행을 갈 때 라면과 고추장부터 챙겨가면서. 내로남불.

내가 뉴질랜드 생활을 하면서 가장 힘들었던 점은 음식이었다. 내가 보다 나은 미래를 위해서 대입 준비를 하고 있을 때 나라를 부도 직전까지 가게 만들었던 대통령은 매일 세계화를 외쳤다. 원어민에게 과외를 받을 돈이 없던 나는 사전을 씹어 먹을 기세로 영어 공부를 시작했다. 내가 대학교를 졸업할 때가 되자 나라를 대상으로 사기를 쳤다는 대통령이 글로벌화를 외치면서 해외 취업을 강조했다. 나는 그 말을 듣고 한 명이라도 더 많은 청년에게 국내 일자리를 양보하기 위해서 일단은 군 복무를 마치고, 제대하자마자 해외 취업을 했다.

군대도 세계화에 발을 맞추기 위해 오산에 있는 미군 기지에서 남들이 2년도 길다고 불평할 때 3년 반이나 복무했다. 군 복무를 마치고 뉴질랜드로 가서 취업했고, 나를 세계화의 선두주자라고 치켜세워주는 교수님과 친구, 가족들을 실망시키지 않기 위해서 누구보다 열심히 일했다. 대통령이 맞는 길이라는데 틀릴 리가 없었다.

뉴질랜드에서 태어나 뉴질랜드에서 평생 교육을 받았으며 학연, 지연을 십분 활용해서 일하는 사람들에게 지기 싫어서, 남들이 차를 마시며 쉴 때 나는 보고서를 봤으며, 남들이 집에서 TV를 보면서 쉴 때 나는 내일 할 일을 정리했다. 남들에게 뒤처지지 않으려면 한 가지 방법밖에 없었다. 남들보다 두 배로 노력하면 됐다. 하지만 아무리 노력해도 남들과 같아지지 않는 일이 하나 있었다. 그게 바로 음식이었다. 글로벌 인재가 되기 위한 사소한 관문이라며 억지로 스테이크를 먹고 파스타를 먹었지만 가끔씩은 정말로 한국 음식이 그리웠다.

　점심시간에 한 번은 한국 음식을 싸간 날이 있었다. 내가 도시락 뚜껑을 열자마자 항상 같이 밥을 먹던 직장 동료들은 같이 밥을 먹지 못하겠다며 바로 자리를 떴다. 주위의 사람들은 나에게 눈치를 주기 시작했다. 나는 도시락 뚜껑을 덮고 일어났다. 냄새에 예민한 뉴질랜드 사람들을 피해 한국 음식 냄새를 풍기며 도시락을 먹을 수 있는 곳은 화장실밖에 없었다.

　그때가 처음이었던 것 같다. 내가 괜히 외국까지 나와

서 고생만 하고 있다고 생각했던 것이. 그날 처음으로 나는 한국에 있는 집에 가고 싶다고 생각했다. 너무 서러웠다. 하와이나 독일, 베트남 등지에 가서 생고생하며 외화를 벌어 국내로 송금했던 할아버지 세대 한인 외국 노동자들이 생각났다. 대통령들은 국가가 잘될 일만 생각했던 것이다. 국가를 이루는 개인의 행복은 뒷전이었다.

두 번째로 내가 힘들었던 것은 말이었다. 동영상에서 베트남 여성을 때린 한국 남성은 폭력의 이유가 여성이 한국말을 잘 못 해서라고 했다. 뉴질랜드 국세청에서 어카운트 매니저라는 직책으로 일한 탓에 회계사들이나 변호사들과 열띤 대화를 벌이는 경우가 많았다. 남들보다 두 배의 노력을 기울이고 있다고는 하나, 그 사람들과 말싸움을 할 때 솔직히 밀릴 때가 많았다.

에널리스트로 옮긴 이후에도 이 언어 문제라는 것은 항상 나를 따라다녔다. 이 문제는 해외에 사는 어느 교포라도 똑같이 느끼는 것으로, 나는 어떤 사람이 두 가지 언어를 모두 완벽하게 구사하는 경우는 극히 드물다고 생각한다. 영어나 그 나라의 문화에 대한 이해가 완벽한 경우는 한국어와 한국 문화에 따른 콘텍스트에 대한 이해가 부족했으며, 한국어가 완벽하고 한국 문화를 이해하는 경우는 그 나라에서 태어났다고 해도 직장이나 학교에서 현지어 소통 문제로 어려움을 겪고 있었다.

한번은 이런 경우도 있었다. 뉴질랜드에 도착해서 일하려고 하는 외국인은 모두 세금 번호라는 것을 만들어야 하는데, 한번은 한국인이 와서 난동을 부린 적이 있었다. 내가 하는 일은 아니었지만, 그 한국인과 담당 직원 간에 싸움이 나서 내가 한국인이라는 것을 안 직원이 경찰을 부르기 전에 마지막으로 나에게 도움을 청했다. 내가 상황을 설명해주고는 5분도 안 되어서 일이 해결되었다.

그 한국인이 정말 기분 나빴던 점은 담당 직원이 자기를 무시했다는 점이었다. 자기가 이름이나 주소도 제대로 쓰지 못한다며 멍청하다고 한숨을 쉬고 무시하는 투로 말을 했다고 한다. 그 한국인을 돌려보내고 나는 담당 직원에게 왜 그랬냐고 물었다. 담당 직원은 그 한국인이 자기 이름도 제대로 못 쓸 정도로 멍청했다며 자기는 하루에도 이런 멍청한 외국인들을 몇 명이나 만난다며 하소연했다.

나는 그녀에게 말해주었다. 당신은 태국이나 라오스 같은 나라에 가서 듣도 보도 못한 언어로 말을 해본 적이 있는지, 둥글둥글해서 다 똑같아 보이는 문자로 자기 이름을 쓰는 일을 상상이나 해 보았느냐고. 여기에 찾아오는 외국인들은 자기 나라의 언어를 말하고 문자까지 쓸 줄 알면서 영어까지 할 줄 아니 당신보다 훨씬 똑똑한 것 아니냐고. 그녀는 그 말을 듣고도 이해하지 못해서 나하고까지 논쟁을 벌이려고 했다. 나는 그 한국 사람은 영어로는 유치원생보다 못하게 말할지 몰라도 한국말을 시켜보면 포스트모더니즘을 한마디로 설명할 수 있을지도 모른다고 말해주었다.

　사람들은 자기가 아는 세계만 볼 수 있다. 남을 무시한다는 것은 그만큼 자신이 무지하다는 뜻이다.

한국어? 필요 없는데
굳이 가르쳐줄 거라면 욕을 가르쳐줘

나는 어떻게 하면 한국에서 살아가는 외국인들의 삶이 편해질 수 있을까 고민하기 시작했다. 외국인들이 가장 어려움을 겪고 괴로워하는 것은 한국 사람들이 자신을 무시할 때라고 했다. 어떻게 하면 무시당하지 않을까 하는 질문에는 한국어를 잘해서 사람들이 무시하지 못하게 말을 하면 좀 나아질 것 같다는 대답이 돌아왔다.

나는 한국어 강사를 구하고 외국인들을 위한 한국어 강좌를 계획했다. 서점에 가니 한국어 교재는 많았다. 서울에 있는 대형 서점에는 외국인을 위한 한국어 코너까지 따로 마련되어 있었다. 외국인을 위한 발음, 한국어 교육에 역사가 깊은 몇몇 대학에서는 한국어 교재 시리즈가 난이도 별로 6권까지 나와 있었다. 토픽이라는 시험 대비

용 교재도 많았다. 하지만 이제까지 대한민국에서 힘겹게 살아가는 외국인들의 말문을 막히게 했던 욕설이나 마음의 상처를 심어준 무시하는 말에 대한 대처법을 다룬 교재는 어디에도 없었다. 책에서는 아주 예의 바르고 듣기도 좋은 한국어 구문만 나와 있었다. 그도 그럴 것이, 이제까지 활자를 활용한 매체는 대개 많이 배운 사람들이 고상한 의도를 가지고 제작한 것이라 '개새끼야'라는 말에 어떻게 대답할 수 있을까를 활자로 기록하는 것이 불가능했다. 욕설에 대처하는 방법을 가르치기에는 선생님들이나 대학교의 교재부는 너무 고상했고, 이런 내용을 책으로 낸다는 것 또한 한국어 교육에 투신하고 있는 저자의 명성에 먹칠할 우려도 있을 것 같았다. 물론 나는 고상하지도 않고 먹칠을 할 명성도 없기 때문에 어렵지 않게 결심할 수 있었다.

생활의 불편이 창조의 시작이라고 했던가. 나는 그 즉시 내가 저급한 한국어에 대처하는 책을 만들기로 결심하고 수업을 기획했다. 내가 사는 인근 지역의 공단에서 교대로 근무를 하는 외국인들에게 한국어를 가르치는 일을 시작하려 한다고 말을 건넸더니 이런 대답이 돌아왔다.

"우리같이 2교대, 3교대로 근무하는 사람들이 어떻게 특정한 시간대에 수업에 나가? 한국어 교육? 그런 거 필요 없으니까 욕이나 가르쳐줘. 사장이 욕할 때 대꾸나 좀 하게."

한국 사람들이 무심코 던지는 말에 말문이 막히고 마음의 응어리가 생기기 전에 이런 말에 대처하는 방법을 조금이나마 소개해 준다면 지금부터라도 외국인들의 생활이 약간이나마 나아질까 하는 의도에서 나는 이 책의 후반부는 남들이 감히 건드리지 않은 저질 한국어를 소개하려고 한다. 아무도 가르치고 있지는 않지만, 너무나 자연스럽게 쓰는, 한국인도 인정하기 싫지만, 너무나 널리 쓰이고 있는 더러운 한국어와 그 더러운 한국어에 대답하는 방법을 소개할 것이다. 일단 한국어 욕을 배우기 전에 더러운 한국어 때문에 그동안 쌓였던 응어리부터 풀고 가자. 긴장을 풀기 위해 열 받을 때 이 책을 활용할 수 있는 장을 만들었다.

찢어

주세요.

이번에는 잘 찢어서

마구 구겨 주세요.

구긴 종이를 바닥에

패대기 쳐주세요.

바닥에 쌓인 종이들을

밟아 주세요.

주워서 벽에도
던져 보세요.

소리도 별로 안 나요.

하나 주워서 짜증 나는
인간을 생각하며

패대기쳐 보세요.
아무도 안 죽어요.

바닥에 떨어진 종이
뭉치들을 밟으며
쿵쾅쿵쾅 뛰어 보세요.

그런다고
건물 안 무너져요.

발로 바닥도 굴러보고
벽을 손으로도
쳐 보세요.

바닥 안 무너지고
벽도 안 부서져요.

생존
한국어

한국에서 살아가는 베트남 사람들이 최근 일어나는 외국인 대상 폭력 사태의 가장 큰 원인으로 꼽는 것은 역시 언어 문제였다. 일단 말이 통하지 않는다는 것은 소통할 수 없다는 의미고, 소통이 어렵다는 것은 서로를 이해할 수 없다는 말이다.

서로 간의 이해가 없으면 오해가 생긴다. 오해가 생기면 거리가 생긴다. 나는 한국에서 살아가야 하는 외국인들을 위해서는 한국어 교육이 필요하다는 결론을 내렸다. 이미 많은 단체나 공공 기관에서 외국인을 대상으로 한국어를 가르치고 있었다. 하지만 정작 살아남기 위해서 한국어가 필요한 사람들의 기존 수업에의 참여도는 낮았다.

실제로 한 광역시에 있는 글로벌 센터에서 한국어 강좌

를 듣고 있는 학생을 보니 대다수가 영어 선생님으로 한국에 잠시 머무르고 있는 백인 외국인들이 대다수였다. 그 사람들은 한국어를 굳이 쓸 필요가 없다. 한국인들이 영어를 쓰기 위해서 저자세로 말을 걸어오니까.

정작 살아남기 위해서 한국어가 필요한 사람들은 다음의 두 가지 이유로 한국어를 배우지 않고 있었다.

첫째 여유가 없었다. 시부모를 모시며, 남편 밥도 챙기고, 농촌에서 일까지 해야 하는 결혼 이주 여성들이 시내나 읍내에 있는 기관까지 매일 똑같은 시간에 갈 여유가 없었다. 외국인 노동자들도 퇴근하면 너무 피곤했다. 차라리 그 시간에 잠이나 한숨 더 잔다는 말이었다.

두 번째로 정규 교육을 받은 한국어 강사님들이 가르쳐주시는 한국어는 필요가 없다고 했다. 먼저 시골에서 듣는 한국어와 선생님들이 교과서로 가르쳐주는 한국어는 많이 달랐고, 교재도 대학교에서 학문을 배우는 사람들을 위해서 구성되어 있었다. 즉 공장에서 욕을 먹거나 남편에게 욕을 들을 때 쓸 수 있는 한국어는 아무도 가르쳐주고 있지 않았다. 외국인들은 욕을 먹을 때 아무 대꾸도 못하고 당황만 하고 있었다.

그래서 나는 한국에서 살아가는 사람들에게 필요한 생존 한국어를 이 책에 싣기로 했다. 생존 한국어는 한국에서 살아가는 외국인들에게 어떤 말을 많이 듣는지 물어보고 그에 대한 모범 답안을 구성해 보았다. 흥미를 높이기 위해서 나름의 투표를 거쳐 1등에서 3등까지 모범 답안의 순위까지 매겨 보았다. 한국에서 살아가는 외국인만이 아니라 외국인들과 접촉이 많은 한국 사람들도 봐주었으면 좋겠다.

생존 한국어에 들어가기 전에 아주 기본적인 한국어 표현의 발음과 뜻부터 소개하기로 한다.

기본적인 인사

How are you/Hello?

‣‣ 안녕하세요? [annyeonghaseyo]

What's new?

‣‣ 별일 없지요? [byeol-il eobsjiyo]

Long time no see.

‣‣ 오랜만이다. [orenmanida]

Nice to meet you.

‣‣ 만나서 반갑습니다. [mannasuh bangapseumnida]

I am very happy to meet you.

‣‣ 만나서 참 반가워요. [mannaseo cham bangawoyo]

기본적인 응답과 예의 바른 사람이 되고 싶을 때 쓰는 표현

Yes.

‣‣ 네. [ne]

No.

‣‣ 아니요. [aniyo]

Excuse me. (to request something)

‣‣ 실례지만… [shillejiman…]

Thank you.

‣‣ 감사합니다. [kamsahamnida]

You're welcome. / don't mention it.

‣‣ 천만에요. [cheonman e yo]

대화를 잘 이끌어가고 싶을 때 쓰는 표현

Please don't speak English.

‣‣ 영어로 말하지 마세요. [yeong-eo lo malhaji maseyo]

What?

‣‣ 뭐? [mwo]

What music do you like?

‣‣ 어떤 음악을 좋아해요?

[eotteon eum-ag eul joh-ahaeyo]

I like ….

   ▸▸ 저는… 좋아해요. [jeoneun … joh—ahaeyo]

What do you do when you have free time?

   ▸▸ 시간 있을 때 뭐 하세요?

                       [sigan iss—eul ttae mwo haseyo]

말이 잘 안 통할 때 쓸 수 있는 표현

What does this mean?

   ▸▸ 무슨 뜻이에요? [museun tteusieyo]

Please say that one more time.

   ▸▸ 다시 한 번 말해 주세요.

                     [dasi han beon malhae juseyo]

Please speak slowly.

   ▸▸ 천천히 말해 주세요. [cheoncheonhi malhae juseyo]

Please write it down.

   ▸▸ 적어 주세요. [jeog—eo juseyo]

I don't understand.

   ▸▸ 모르겠습니다. [moreugesseumnida]

시간의 표현

Sometimes

   ▸▸ 가끔 [gakkeum]

Always

▸▸ 항상 [hangsang]

Today

▸▸ 오늘 [oneu]

Tomorrow

▸▸ 내일 [naeil]

Yesterday

▸▸ 어제 [eoje]

수긍이나 놀랐을 때의 표현

Well…

▸▸ 글쎄요… [geulsseyo]

Um.

▸▸ 음. [eum]

Oh my gosh!

▸▸ 헐! [heol]

For real?

▸▸ 진짜요? [jinjjayo]

I think so.

▸▸ 저도 그렇게 생각 합니다.

[jeodo geuleohge saeng-gag habnida]

대화를 마치고 싶을 때의 표현

See you later.

    ▸▸ 나중에 봬요. [najunge bwaeyo]

Good bye.

    ▸▸ 안녕히 계세요. [annyonghi geseyo]

Have a nice day.

    ▸▸ 좋은 하루 되세요. [joeun haru dweseyo]

See you later.

    ▸▸ 이따 봐요. [itta bwayo]

I have to go now.

    ▸▸ 나 지금 가야 돼. [na jigeum gaya dwae]

다음으로는 베트남 사람들이 한국에서 들은 기분 나쁜 말을 뽑아서 질문을 구성해봤으며 발음 기호와 영어 뜻을 괄호 안에 넣어두었다. 대답은 1위에서 3위까지 한국인을 대상으로 가장 적절한 답을 투표로 추려보았다.

왔냐? [Watnya] You came.

1위 　왔다 [Watta]

    ▸▸ Yes, I came.

2위 　왜 반말이야? [Woe Banmaliya]

    ▸▸ Why are you rude to me?

3위   갈까? [Galka]

▸▸ Why? Do you want me to go?

야! [Ya] Hey!

1위   왜? [Woe]

▸▸ Why?

2위   제 이름 야 아닌데요? [Je Irem Ya Anindeyo]

▸▸ My name is not Ya?

3위   야라니? [Yarani]

▸▸ Don't say Ya to me?

베트남말 하지 마. 시끄러워. [Betenammal Hajima. Sikelewo]
Don't speak in Vietnamese. It's noisy

1위   너나 한국말 하지 마. 한국말이 더 시끄러워.

[Neona hangukmal Hajima. Hangukmali Deo Sikelewo]

▸▸ You don't speak Korean. Korean language is noisier.

2위   반말하지 마, 인마.

[Banmal Hajima Inma]

▸▸ You, watch your language.

3위   베트남 사람이 베트남말 쓰는데 뭐가 문제야!

[Betnamsarami Betnammalseneonde Moga Munjeya]

▸▸ Vietnamese people speak Vietnamese Language. Is it a problem?

내가 베트남 음식 하지 말랬지?

[Nega Betnam Eomsik Haji Malletji]

I told you. You shoun't cook Vietnamese food

1위   너도 다음부터 라면 먹으면 죽는다.

   [Neo Do daembute Lamyeon Mokumyeon Juknenda]

▸▸ I will kill you if you eat Korean instant noodle again, then.

2위   너는 먹지 마.

   [Neoneon Mokjima]

▸▸ You don't have to eat.

3위   베트남 사람이 베트남 음식 먹지. 그럼 뭐 먹을까?

   [Betnamsarami Betnameomsik Mokji. Georem Mo
   mokeolka]

▸▸ Vietnamese people eat Vietnamese foods. What should I
   eat then?

냄새나. [Nemsena] You stink

1위   너는 김치 냄새나. [Neoneon Kimchi Nemsena]

▸▸ You smell like Kimchi.

2위   니 입 냄새나 조심해. [Ni Ipnemsena Josimhe]

▸▸ You have bad breath.

3위   지랄 마. [Jilalma]

▸▸ Stupid.

그것도 못하냐? [Gegeot To mothanya] You can't even do that?

1위 니가 해봐 병신아!

[Ni Ga Heboa Byeongsina]

‣‣ You try to do it, idiot!

2위 너는 할 줄 알면서 그렇게 예쁘게 말하냐?

[Neo Neon Haljul Almyeonse Georetke Malhanya]

‣‣ You say that beautiful. Have you done it?

3위 말 한번 예쁘게 한다.

[Mal Hanben Yepuge Handa]

‣‣ What a nice thing to say, huh?

빨리해! 인마! [Palrihe Inma]

1위 니가 한 번 해봐 인마! 빨리 되나?

[Niga Hanben Heboa, Inma! Palri Doena]

‣‣ You try it, if it's that easy or not.

2위 빨리할 수 있으면, 니가 해 봐!

[Palri Halsu Itsumyeon Niga Heboa]

‣‣ You do this fast, if you're that confident.

3위 말처럼 안 된다, 시끄러우니까 저리 가. 방해돼.

[Malcheorem An Doenda, Sikerewnika Jeoriga, Banghedoe]

‣‣ It's not that easy. You're too noisy. Go away. You're disturbing me.

닥쳐! [Dak Cheo] Shut up!

1위　너나 닥쳐! [Neona Dak Cheo]

▸▸ You shut up!

2위　니가 뭔데 닥치라, 마라야. [Niga Monde Dakchila malaya]

▸▸ Who do you think you are!

3위　병신 지랄하네. [Byeongsin Jiralhane]

▸▸ Retarded!

이리 와! [Iri Wa] Hey, you come here!

1위　니가 와. [Niga wa]

▸▸ You come here!

2위　니가 뭔데 오라가라야. [Niga monde Oaragaraya]

▸▸ Who do you think you are? Why do you order me?

3위　왜 인마! [Owe Inma]

▸▸ Why!

꺼져! [Kejeo] Fuck off!

1위　너나 꺼져! [Neona kejeo]

▸▸ You fuck off!

2위　니가 뭔데 꺼지라 마라야. [Niga monde Kejiramalaya]

▸▸ Who do you think you are? Why do you order me?

3위　지랄하네. [Jiralhane]

▸▸ Retarded!

너 어디서 온 놈이야! [Neo Odiseo On Nomiya]

Where the heck are you from?

1위 베트남에서 왔다 어쩔래? [Betnameseo Watta]

▸▸ What are you gonna do?

2위 니가 알아서 뭐할래? [Niga Alaseo Mohalle]

▸▸ Why do you want to know? Idiot.

3위 너는 어디서 왔는데? [Neonen Odiseo Watnende]

▸▸ Where are you from? idiot.

이 새끼야! [I se ki ya] Hey bastard! / You bastard!

1위 왜 이 새끼야!

[Oe I se ki ya]

▸▸ Why bastard?

2위 이 새끼가 무슨 뜻이에요? 새끼야?

[I se ki ga mu sen teosi eyo? Se ki ya?]

▸▸ What do you mean? You bastard?

3위 노동부에 전화할 거에요.

[Nodongbue Jeonhwahalgeyeyo]

▸▸ I will contact the ministry of labor

개새끼! [Geseki] Son of a bitch!

1위 왜 이 십새끼야! [Oe I Sipsekiya]

▸▸ Why, fucker!

2위 뭐 이 새끼야! [Mo I Sekiya]

3위 뭐래니, 저 새끼?(옆사람에게) [Moreni Joseki]

▸▸ What did that jerk say?(Saying to another person)

돌았냐? [Dolatnya] Are you out of your mind?

1위 그래, 돌았다. 너는 오늘 죽었어.

[Geore Dolatta. Neoneon Onel Jukeotse]

▸▸ Right, I'm crazy. You're a dead meat today.

2위 쳐 돌았냐?

[Cheodolatnya]

▸▸ Are you out of your fucking mind?

3위 내가 너랑 말해 뭐하겠냐.

[Nega Neorang Malhe Mohagetnya]

▸▸ Why am I talking with you now?

미친 새끼! [Michin Seki] You're nuts.

1위 그래, 미쳤다. 진짜 미친놈 한 번 볼래?

[Gere Michetta. Jincha Michinnom Han Beon Bole]

▸▸ Yes, I'm crazy. You want to see me really mad?

2위 또라이 새끼!

[Torai Seki]

‣‣ You're hopeless jerk.

3위 미친놈아, 말을 말자.

[Michinnoma, Maleolmalja]

‣‣ You're crazy. I have nothing to say to you.

맞을래? [Majeolle]

1위 죽고 싶냐?

[Jukgo Sipnya]

‣‣ You wanna die?

2위 너 베트남 사람한테 안 맞아 봤지? 오늘 한 번 맞아 볼래?

[Neo Betnamsaramhante An majabatji Oneol Hanben Majabolle]

‣‣ You haven't been beaten up by a Vienamese? You want to today?

3위 병신!

[Byeongsin]

‣‣ Stupid!

죽을래? [Jukeolle] Do you wanna die?

1위 너나 죽어 병신아 [Neona Jukeo Byeongsina]

‣‣ If you wanna die, you die, idiot

2위 돌았냐? [Dolatnya]

‣‣ Out of your mind?

3위 한 번 죽여봐 병신아. [Hanben Jukyeoba Byeongsina]

‣‣ You try, idiot.

베트남어로
인사라도 해보자

베트남 사람들을 만나고 돌아다니기 전에 내가 제일 먼저 한 일은 기본적인 베트남어를 배운 것이다. 베트남어는 중국에서 비롯된 기본 단어에 태국어, 몬크메르어, 므응족의 언어가 혼합되어 만들어졌다. 베트남어도 중국어처럼 성조가 있다는 사실에 놀랐으며 베트남어도 우리나라 말처럼 한자어를 차용한 단어가 많다는 사실에 놀랐다.

베트남어에는 중국어를 어렵게 만드는 4개의 성조가 여섯 개나 있는데 '마'라는 단어는 중국어와 한국어와 같이 말이라는 뜻에 더해 성조가 바뀌면 귀신, 무덤, 그것, 볍씨 뿌리기, 어머니의 다섯 개의 뜻으로 변화한다. 베트남 사람들은 문자로 지금은 알파벳을 쓰고 있지만 9세기

까지는 한자를 사용했고, 13세기에 들어서 독자적인 문자인 쯔놈을 사용했단다. 이점도 한국과 닮아 있었다.

그럼 베트남 사람들을 이해하기 위한 첫걸음인 베트남어를 조금이나마 소개하고 넘어가기로 하자. 베트남 말이 시끄러운지 아닌지 직접 듣고, 따라 해본 후 다시 생각해보기 바란다.

먼저 전 세계 공통으로 어색한 사람과 할 말이 없을 때 사용되는 날씨에 관한 말부터 배워보자. 베트남 사람 앞에서 더울 때는 Nong qua(넝엉 꾸아), 추울 때는 Lanh qua(라인 꾸아)라고 해보자.

'어휴 더워', '어휴 추워'라는 표현으로 베트남 사람들도 바로 맞장구를 쳐 줄 것이다. 관계가 어색한 사람이라도 의견을 부딪치기보다는 서로 맞장구를 치면 어느새 친구가 된다. 나부터 노력해보자.

베트남 사람들을 고용하고 있는 사장님이든 결혼해서 베트남 여성과 같이 살고 있는 남성이든, 베트남 사람을 보면 먼저 이렇게 외쳐보자. Xin chao (씬 짜오) '안녕하

세요'라는 뜻이다. 베트남 사람들의 특유의 환한 미소가
돌아올 것이다.

　일을 마치고 돌아가는 베트남 사람에게는 이렇게 말해
보자. Tam biet(땀 비엣) '잘 가요'라는 말이다. 땀, 비엣,
이렇게 글자 하나하나를 꾹꾹 눌러주듯이 발음하면 현지
인처럼 들린단다. 한 번 해보기 바란다. 사장님의 이 한
마디에 베트남 직원의 하루 피로가 싹 풀릴지도 모른다.

　일을 잘한 직원이나 일을 하면서도 아이와 시어머니까

지 모시는 베트남 부인에게는 Cam on (깜 언)이라고 말해보자. '감사한다'는 뜻이다. 우리도 '캄사합니다'라고 한국말로 말하는 외국인이 귀여워 보인다. 베트남 사람들도 자기 나라말로 감사하다고 말해주는 사장님이 귀여워서 더 열심히 일해 줄지도 모른다.

자신도 모르게 베트남 사람에게 화를 냈거나 실수한 것을 알아차렸을 때는 Xin loi (낀 로이)라고 말해보자. '미안합니다'라는 뜻인데, 베트남 사람들은 미안하다는 말을 잘 쓰지 않아서 이 말을 들으면 놀랄 수도 있단다. 역사적으로 핍박을 많이 받은 탓에 베트남 사람들은 미안하다는 말을 잘 사용하지 않는다는데 자신을 억압하는 위치에 있는 사람에게 이 말을 들으면 자신들이 도리어 미안한 감정을 가지게 된다니 아끼지 말고 써주자.

프로젝트를 마치며
·· 무시하지 말자, 무시하는 당신이 무지한 것이다

　이 글을 쓰고 있던 8월에는 광주의 농장에서 일하던 우즈베키스탄 노동자가 얻어맞았다. 2019년 9월에는 한국이 좋아서, 한국을 배우러 온 유학생까지 무차별적으로 얻어맞았다. 인천의 한 골목길에서 미얀마에서 온 한 유학생이 한국인 남성에게 이유도 없이 폭행을 당했다.

　일용직 노동자로 일하던 한국인 남성은 평소 '이주 노동자들이 일자리를 뺏어간다'며 불만을 말하고 돌아다녔다고 한다. 배가 고파서 식료품점에서 먹을 것을 사서 집으로 향하던 미얀마 남성은 아무 이유 없이 주먹과 발로 20차례 가격당하는 와중에 반항도 하지 않았다고 한다. 미얀마 남성은 9년째 신학을 공부하며 한국에서 거주 중이었다. 주변에서 사건을 목격한 한국인들은 "그냥 계속

맞고만 있는 거야. 받아치지 않고. 너무 착해서 맞고 있는데 가슴이 아프더라고요."라고 말했다.

이 사람들은 맞을 이유도 없었고, 또 맞아서도 안 된다.

_무차별 폭력에도 존재하는 차별

내가 정말 마음에 들지 않는 것은 이런 외국인에 대한 무차별 폭력에도 차별이 존재한다는 것이다. 지금까지 큰 이유 없이 맞은 외국인들은 다 유색 인종이었다. 즉 백인들은 없었다는 것이다. '깁미 쪼꼬릿'으로 대표되는 대미 사대주의를 굳이 끄집어내지 않더라도 우리 사회에 뿌리 박힌 외국인에 대한 국적별 차별은 도를 넘었다.

우리는 돈이 있고 힘이 있는 나라의 국민과는 친구가 되고 싶어 안달한다. 돈 없고 힘없는 나라의 국민들은 우리나라를 위해서 자기 젊음을 바치는데도 시끄럽다고 더럽다고 무시한다. 유치원만 졸업해도 이런 짓이 나쁘다는 것을 안다. 이제는 우리나라 국민들도 국가 경제 규모에 맞는 국제적 예의와 상식을 좀 갖추었으면 좋겠다.

_얼마 전까지 우리 국민도 해외에 노동을 갔다

폭력은 또 다른 폭력을 부른다. 우리 민족도 해외 이주의 아픈 경험이 있다. 하와이로 이민이 금지되었던 1905년까지 적지 않은 대한민국 사람들은 하와이로 이주하여 가혹한 노동에 시달리며 가족에게 돈을 보냈다. 현재 대한민국에서 외국인 노동자를 괴롭히고 있는 몇몇 사장들처럼 하와이에서도 악덕 농장주들이 존재했다고 한다. 이들은 선교사들에게 해외에 가서 외국 노동자들을 모아올 것을 부탁했다. 한국에서 활동하던 선교사들은 하와이에 가면 큰돈을 벌 수 있다며 노동자들을 모집했고, 7,000명이나 되는 조선인들이 하와이로 떠났다.

하와이에서 한국인 노동자들은 일요일을 제외하고 주 6일씩 하루에 10시간씩 일을 했고, 일당은 70센트에 불과했다고 한다. 영어를 못해서 무시를 당했으며 여기에 문화적 차이까지 더해서 거의 동물 같은 취급을 받았다. 결혼할 나이가 된 하와이 이주 노동자들은 자신이 한국에 있을 때 찍었던 사진을 보내어 선을 보았고, 하와이에 도착한 조선 여성들은 거친 노동에 지쳐 나이보다 두 배 이상

늙어 보이는 조선 이주 노동자들의 모습에 놀랐다고 한다.

1966년에는 한국 정부가 서독 정부와 특별 고용 계약을 맺고 간호사로 3천 명, 탄광 광부로 3천 명을 파견하기로 하였다. 1983년 출간한 최종고의 《한독교섭사》에 따르면 1977년까지 독일로 건너간 광부가 총 7,932명이었다. 독일 정부는 지금의 한국 정부와 비슷하게 한국인들의 독일 영구 정착을 막았고, 노동 계약을 3년마다 갱신하게 했다. 따라서 3천 명의 한국인 광부들은 3년마다 새로운 사람으로 교체되었다.

당시 독일의 상황은 급속한 경제 발전으로 3D 업종에 일할 자국민들이 부족한 상태였다고 한다. 젊은이들이 중소기업이나 공장에서 일하기 싫어하는 현재의 한국 상황과 비슷하다. 서독은 이런 인력난을 해결하기 위해 가난한 나라였던 한국과 계약을 체결했고, 한국 정부는 눈물을 머금고 사람들을 보냈다고 한다. 당시 한국 경제는 원조와 차관에만 의존하던 상황이었고 공장을 지으려 해도 돈과 기술이 없어서 지을 수 없었다고 한다. 당시 한국의 1인당 국민 총생산은 79달러로 당시 170달러였던 필리핀

의 2분의 1, 당시 260달러였던 태국의 거의 4분의 1수준이었다고 한다. 실업률은 40%에 달하여 국민의 거의 절반이 직업이 없었다. 직업은커녕 먹을 것도 부족한 상태였다. 당시 독일을 방문했던 대한민국의 대통령이 노동자들을 만나 같이 울었다는 일화도 있다.

독일에 건너가서 일한 한국 간호사와 간호보조원 수는 1만 226명에 달했다고 한다. 간호사 중에는 독일에 남은 사람들이 많은데, 이는 이들을 고용했던 독일 병원들의 요구에 의해서라고 한다. 3년 동안 독일어를 배우고 병원생활에 익숙하게 된 한국 간호사들을 돌려보내기 싫었던 것이다. 병원 측의 요구로 간호사들의 계약 연장이 가능하게 되었고, 그대로 계속 독일에 살게 된 사람들도 많다고 한다.

파독 광부와 간호사들이 한국으로 보내는 돈은 1970년대 한국 경제 성장의 종잣돈 역할을 했다. 한국 정부는 애초에 이들을 보낼 때 3년간 한국에 돌아올 수 없고 적금과 함께 한 달 봉급의 일정액은 반드시 조국으로 송금한다는 조건을 달았다. 독일의 탄광에서 일하던 한국인들은 연금과 생활비를 제외한 월급의 70%에서 90%까지의 금액을 조국에 있는 가족들에게 송금했다고 한다. 광부들과 간호사들이 보낸 돈은 연간 5,000만 달러로 당시 한국 GNP의 2%에 달하는 금액이었고, 한국이 지금 이만큼 사는데 기초 자금이 되었다.

_우리 할아버지 할머니들도 외국에서 무시당하고 살았다

우리의 할아버지 할머니들이 얼마 전까지만 해도 외국에 가서 말을 못 한다며, 김치 냄새가 난다며 무시를 당하며 살았다. 부유한 나라의 외국인들은 한국이라는 가난한 나라를 알려고 하지도 않았으며 우리 민족을 철저히 무시했다. 외국에 건너간 할아버지 할머니들은 무시를 견디며 열심히 일해서 지금의 부유한 나라를 우리에게 물려주었다. 우리나라 사람들은 경제 상황이 조금 나아졌다고 당시 우리의 할아버지 할머니들을 무시하던 무지한 외국인들과 똑같은 행동을 하고 있다.

외국인 노동자, 결혼 이주 여성과 말이 안 통한다고 불평하면서 이를 해결하기 위해 우리는 어떤 노력을 하였는

가. 백인들과 소통하기 위해서 밤낮으로 영어는 배우면서 과연 길거리에 돌아다니는 동남아시아 사람들과 친해지기 위해 인사하는 법이라도 배운 적이 있는가? 나는 베트남 사람과 혼인 관계를 10년 이상 유지하고 있는 사람이 베트남어로 '고맙다, 미안하다'는 기본적인 말도 할 줄 모른다는 사실에 놀랐다.

_무시는 무지의 다른 말이다

상대를 무시한다는 것은 자신이 무지하다는 것의 방증이다. 모르기 때문에 자세히 볼 수 없고, 아무것도 아는 것이 없으므로 무시하게 되는 것이다. 이 책이 한국에서 살아가는 외국인들의 삶의 개선에 얼마나 도움이 될지는 모르겠다. 아니, 얼마나 많은 사람이 읽어줄지도 솔직히 모르겠다. 하지만 이런 시도가 하나둘씩 모이지 않으면 상황은 점점 나빠질 것이다. 우리나라도 머지않아 외국처럼 이민자들이 폭동을 일으키는 일이 일어나지 않을 거라고 확신할 수 없다. 벌써 시골의 초등학교에서는 다문화 가정의 아이들이 왕따를 당하는 것이 아니라 한국인 가정의 아이들이 소수라서 왕따를 당한다고 한다.

_아는 만큼 보인다

이제 우리 곁에서 살아가는 조금 다르게 생긴 사람들에게 관심을 기울여 보자. 아는 만큼 보이고, 보는 만큼 더 알게 된다. 어떤 사람이든 관심을 기울이고 자세히 보면 배울 점이 무궁무진하다. 당신이 외국인을 고용하고 있는 사장이나 이주 여성과 결혼을 한 남성이 아니라도 좋다. 그 나라 사람들의 언어로 "안녕하세요."라고 인사를 건네보자. 이제 '헬로', '땡큐'만이 아니라 '씬 짜오'와 '깜언'도 일상 언어에 등장하길 기대한다.

내 바람은 한국이 열등감과 피해의식에서 벗어나 국격을 갖춘 멋진 나라로 발전하는 것이다. 대한민국은 석유한 방울 나지 않는 상태에서 오직 국민의 위대한 힘만으로 지금의 눈부신 발전을 이루었다. 고대 로마로부터 지금의 미국까지 세계를 선도해 나가는 나라는 해외로부터 인력을 받아들이는데 주저하지 않았다. 대한민국이 다양한 인종과 서로 다른 사람들이 즐겁게 소통하며 자유로운 나라로 발전해나가길 바란다.

우리도 때리면 아파요

초판 1쇄 인쇄 2019년 11월 11일
초판 1쇄 발행 2019년 11월 20일
지은이 한성규

펴낸이 김양수
디자인·편집 이정은
교정교열 박순옥

펴낸곳 도서출판 맑은샘
출판등록 제2012-000035
주소 경기도 고양시 일산서구 중앙로 1456(주엽동) 서현프라자 604호
전화 031) 906-5006
팩스 031) 906-5079
홈페이지 www.booksam.kr
블로그 http://blog.naver.com/okbook1234
포스트 http://naver.me/GOjsbqes
이메일 okbook1234@naver.com

ISBN 979-11-5778-407-3 (03330)